Guide pédagogique pour l'enseignant

LE FRANÇAIS EN ACTION !

CM1

Grammaire, conjugaison, orthographe, vocabulaire

PRÉSENTATION DE LA MÉTHODE

Cette nouvelle méthode clé en main en étude de la langue comprend 4 parties : Grammaire, conjugaison, orthographe et vocabulaire (ou lexique).
Pour chaque partie vous trouverez : une fiche avec la leçon et les exercices et des fiches de préparation à l'évaluation.
Les évaluations et leurs corrections sont à télécharger sur mon site : La Trousse de Sobelle, uniquement par les enseignants disposant d'une adresse académique.

Dans ce guide, une progression est proposée en alternant une leçon de grammaire, une de conjugaison et une d'orthographe, puis une évaluation. Ensuite une leçon de grammaire, de conjugaison et de vocabulaire, puis une évaluation.

Dans le cahier de l'élève

I. Les fiches de leçons et exercices se présentent ainsi :

1) Je retiens :
Il s'agit de la leçon, assez courte, allant à l'essentiel. Elle est bien sûr à expliquer aux élèves avec des exemples, puis à lire en leur faisant surligner les mots ou expressions ou encore lettres importants.

2) Je m'exerce :
Des exercices d'application simples et directs, favorisant lorsque c'est possible des productions de phrases. Les consignes sont à lire ou à faire lire afin de s'assurer que tout est bien compris.

3) J'ai compris :
Ces exercices sont à faire à la maison, à l'oral. C'est une façon de vérifier que la leçon est bien comprise.

4) Je m'évalue :
C'est un petit exercice à coller dans le cadre prévu à cet effet, un ou quelques jours après. Il a pour but de s'assurer de la bonne compréhension de la leçon et de la remédiation à faire le cas échéant.

II. Les exercices pour préparer l'évaluation – Je révise

Après les 4 grandes parties, des exercices pour réviser et préparer l'évaluation sont proposés. Ils reprennent ceux faits dans les fiches de leçon. Les enfants doivent les faire seuls, mais peuvent avoir accès à leurs leçons et aux exercices... ils pourront être redonnés autant de fois que nécessaire aux enfants pour qu'ils puissent s'entraîner encore et encore avant l'évaluation.

Les évaluations

Elles reprennent presque exactement les exercices d'entraînement ci-dessous mais ils sont plus courts et souvent moins nombreux. Les compétences y sont déjà notées dans un petit tableau avec une case pour mettre votre appréciation, note ...

PROGRAMMATION

	Grammaire	Grammaire
Période 1	G1. La transformation négative	C1. Le verbe
	G2. Les types de phrases	C2. Le présent (1) : verbes du 1er, 2ème groupe, être et avoir
Période 2	G3. La ponctuation	C3. Le présent (2) : verbes du 3ème groupe
	G4. La fonction sujet	C4. Le présent de l'impératif
Période 3	G5. La nature du sujet	C5. Le futur
	G6 : Les déterminants	C6. L'imparfait (1)
Période 4	G7. La fonction complément d'objet : COD, COI	C7. L'imparfait (2)
	G8. Les compléments circonstanciels	C8. le passé composé
Période 5	G9. Les expansions du nom	C9. Le passé simple (1)
	G10. L'attribut du sujet	C10. Le passé simple (2)

	Orthographe	Vocabulaire
Période 1	O1. Le féminin et le pluriel des adjectifs	V1. Les synonymes
Période 2	O2. Le pluriel des noms en –eu, -au, -eau, -ail	V2. Les contraires
Période 3	O3. Les homonymes grammaticaux : où, ou / la, là / mais, mes /sont, son	V3. La construction des mots
Période 4	O4. Participe passé en –é ou infinitif en -er	V4. Les préfixes
Période 5	O5. Le pluriel des noms composés	V5. Les suffixes
	O6. Les adverbes en –ment, -emment, -amment	V6. Les niveaux de langage

PROPOSITION DE RÉPARTITION

Je vous propose ci-dessous une répartition pour l'année des leçons par trois :
Toujours une leçon de grammaire et une de conjugaison puis soit une d'orthographe soit une de vocabulaire.

Les évaluations présentes dans ce guide correspondent à cette organisation.

Mois	N°	Leçons		
septembre	1	G1	C1	O1
octobre	2	G2	C2	V1
novembre	3	G3	C3	O2
décembre	4	G4	C4	V2
janvier	5	G5	C5	O3
février	6	G6	C6	V3
mars	7	G7	C7	O4
avril	8	G8	C8	V4
mai	9	G9	C9	O5
juin	10	G10	C10	V5
	11	O6	V6	

CORRECTION DES EXERCICES

Ces corrections peuvent être photocopiées en 4 ou 5 exemplaires pour être mises à disposition des élèves dans une optique d'autocorrection.

Certains exercices ne peuvent pas être corrigés par les élèves, ils nécessitent une correction de l'enseignant. Dans ce cas, il est écrit : « A corriger par l'enseignant ».

Grammaire

Numéro des leçons		Page
G1	G2	6
G3	G4	7
G5	G6	8
G7	G8	9
G9	G10	10

Conjugaison

Numéro des leçons		Page
C1	C2	11
C3	C4	12
C5	C6	13
C7	C8	14
C9	C10	15

Orthographe

Numéro des leçons		Page
O1	O2	16
O3	O4	17
O5	O6	18

Vocabulaire

Numéro des leçons		Page
V1	V2	19
V3	V4	20
V5	V6	21

LA TRANSFORMATION NÉGATIVE

1. Indique si la phrase est affirmative (A) ou négative (N)

a) Cette élève parcourt une longue route tous les matins. A
b) Son sac n'est pourtant pas léger. N
c) Pourtant, elle ne se plaint jamais. N
d) Mais elle n'est guère souriante. N
e) Peut-être n'a-t-elle pas le choix ? N

2. Entoure les mots de négation.

a) On n'a pas souvent vu une pareille tempête.
b) Tu n'es jamais en retard. Depuis hier, il n'a guère avancé dans son travail.
c) Le maître n'avait point pensé à cette solution.
d) Les sportifs ne peuvent plus courir à cause de la chaleur.
e) Je n'y vois strictement plus rien du tout.

3. Invente 3 phrases négatives et entoure les négations.

A l'enseignant de corriger

4. Ecris ces phrases affirmatives en négatives.

a) Il y a quelqu'un. Il n'y a personne.
b) Nous partirons. Nous ne partirons pas.
c) Il fait toujours beau. Il ne fait jamais beau.
d) Il en veut encore. Il n'en veut plus.
e) Je cherche quelque chose. Je ne cherche rien.

LES TYPES ET FORMES DE PHRASES

1. Indique Le type de chaque phrase.

a) Je suis contente de t'avoir rencontré. déclarative
b) Quel âge as-tu ? interrogative
c) Chut ! Ne fais pas de bruit ! impérative
d) Veux-tu du dessert ? interrogative
e) Mets ton manteau. impérative
f) Elle ne m'a pas écouté. déclarative

2. Ecris 3 phrases impératives.

A l'enseignant de corriger

3. Pose une question en transformant la phrase déclarative.

Elle écrit une lettre. : Est-ce qu'elle écrit une lettre ?
Ecrit- elle une lettre ?
Ils sont concentrés. : Est-ce qu'ils sont concentrés ?
Sont-ils concentrés

4. Tu rencontres ta célébrité préférée. Pose-lui 3 questions : une avec « est-ce que » une en inversant le sujet et le verbe et une avec un mot interrogatif.

A l'enseignant de corriger

LA PONCTUATION

1. Ajoute la ponctuation en rouge.

Pour faire un gâteau au chocolat il te faut du chocolat des œufs de la farine du sucre et du beurre Ensuite il doit cuire 20 minutes au four pour qu'il soit bien moelleux

2. Ecris un dialogue.

A l'enseignant de corriger

3. Tu racontes à ton ami la discussion que tu as eue avec ta maman dans l'exercice 2.

A l'enseignant de corriger

LA FONCTION SUJET

1. Entoure le sujet de chaque verbe souligné.

Comme tous les matins, Vincent écrit la date sur le tableau.

Dans la cour, des garçons jouent aux billes.

D'autres élèves courent après un ballon.

La directrice affiche une information pour les parents.

2. Souligne le verbe et entoure son sujet.

Combien de timbres compte ta collection ?

Quel sport souhaiterais-tu pratiquer ?

Pourquoi mangent-ils avec leurs doigts?

Que faisons-nous maintenant ?

Où allez-vous en vacances ?

Que dis-je ?

3. Souligne les sujets de chaque phrase et complète-les au présent.

L'éléphant, la girafe, le lion et le zèbre (vivre) vivent en Afrique et (être) sont des animaux sauvages.

Les grands félins comme les guépards (espionner) espionnent , (repérer) repèrent, et (sauter) sautent sur leurs proies pour les manger.

LA NATURE DU SUJET

1. Complète le tableau suivant.

Verbe souligné	Son sujet	Nature du sujet
devient	Louis IX	Nom propre
exerça	Sa mère	Groupe nominal
était	Le jeune roi	Groupe nominal
assistait	Il	Pronom personnel
surnomma	On	Pronom personnel
vécut	Cet homme	Groupe nominal

2. Remplace les sujets soulignés par des pronoms personnels.

Dans la cour, toi et moi (nous) jouons aux billes.

Le trapéziste (il) s'élance et son partenaire (il) le rattrape.

Ce matin, l'alarme (elle) a retenti et l'école (elle) a été évacuée.

Chaque hiver, des skieurs (ils) se fracturent une jambe.

Mon frère et toi (vous) aimez le foot.

LES DÉTERMINANTS

1. Entoure tous les déterminants (20) de ce texte indique sous chacun, si c'est :

Autrefois, [un] (AI) roi et [une] (AI) reine avaient [un] (AI) fils intelligent et vigoureux. [Un] (AI) jour, que [le] (AD) prince jouait [au] (AC) ballon avec [son] (DP) père, [une] (AI) vieille femme vint à passer avec [une] (AI) cruche d'eau sur [sa] (DP) tête.

[Le] (AD) ballon lancé par [ce] (DD) jeune homme heurta [cette] (DD) cruche et la cassa. [Notre] (DP) prince s'avança pour s'excuser mais [la] (AD) vieille femme très en colère lui dit :

« Prince, tu as cassé [ma] (DP) cruche, pour [ta] (DP) punition, tu ne seras heureux que lorsque tu auras trouvé [l'] (AD) Amour [des] (AI) trois oranges ».

2. Complète avec le bon déterminant.

Les chaussures de mon frère --> Ce sont ses chaussures

Les chiens que je vois là-bas --> Ce sont ces chiens

L'écureuil qui est sur l'arbre --> C'est cet écureuil

La poupée de ma sœur --> C'est sa poupée

Les gants de mes amis --> Ce sont leurs gants

Les jouets de mon frère et moi -- > Ce sont nos jouets

LES COMPLÉMENTS D'OBJET

1. Indique si les groupes soulignés sont COD ou COI.

Dans le musée, les visiteurs regardent les tableaux. (COD)

Tous les soirs, on se lave les dents. (COD)

Les lionnes s'adressent à leurs petits. (COI)

Dans le jardin, le chien enterre un os. (COD)

Mon frère pense à Sophie. (COI)

2. Surligne le verbe et souligne les COD dans chaque phrase

Les pêcheurs attrapent des poissons.

Mon frère aîné repeint son scooter.

Mes enfants collectionnent les timbres.

Mon chat a attrapé un gros rat.

Le jardinier coupe les arbustes.

Nous observons le vol des oiseaux.

Je choisis cette place près de la fenêtre.

Nous regardons un beau film.

3. Surligne le verbe, souligne le COI et entoure la préposition qui l'introduit.

* Le président s'adressa à la foule.
* Ne touche pas à l'ordinateur !
* Je me souviens de ce film.
* Léon parle du maître-nageur.
* Ma petite sœur ressemble à ma mère.
* Le matelot rêve de son retour.
* Nous penserons à vous.

G8

LES COMPLÉMENTS CIRCONSTANCIELS

1. Indique si les compléments circonstanciels soulignés sont des CCT, CCL ou CCM.

Après l'orage, (CCT) le torrent devint menaçant.
Sous la pression des eaux (CCM) , le barrage céda brusquement. (CCM)
Dessous (CCL) , la petite rivière qui serpentait paresseusement (CCM)
dans la vallée (CCL) , se mit à grossir incroyablement. (CCM)
Rapidement (CCM) , elle sortit de son lit, pour inonder les villages alentours. (CCT)
Dans les maisons, (CCL) c'était la panique totale.
Tout le monde essayait de monter le plus haut possible. (CCL)
Le lendemain (CCT) , l'eau redescendit mais le spectacle était catastrophique.
Le nettoyage de chaque maison commença doucement. (CCM)

2. Invente 4 phrases : A corriger par l'enseignant

3. Complète le tableau avec les mots suivants.

CCL	au sommet	dans la forêt	en montagne
CCT	ce soir	soudain	chaque jour
CCM	en quelques minutes	avec soin	sans effort
CCC	à cause de lui	parce qu'il dort	

4. Souligne le CC et recopie la phrase en le supprimant puis en le déplaçant.

A corriger par l'enseignant

LES EXPANSIONS DU NOM

1. Entoure les adjectifs épithètes qui complètent les noms soulignés.

La jolie petite fille entre dans le grand château magnifique. Elle regarde partout. Elle est éblouie par toutes ces superbes lumières, par cet immense escalier et toutes ces belles richesses. Elle se demande s'il y a un prince charmant qui vit ici...

2. Souligne le GNP CDN de chaque nom souligné et entoure la préposition qui l'introduit.

En Guyane, on cultive la canne à sucre.

J'aime bien les maisons en pierre.

A la sortie du village, il y a un salon de coiffure.

As-tu un crayon à papier ?

Mets bien ton écharpe en laine pour sortir !

3. Complète ces GN d'abord par un GNP CDN puis par un AE.

Voici un exemple de correction, mais il peut y avoir d'autre possibilités :

Une corde à sauter
Un bateau à voile
un manteau en fourrure
Un chemin de fer
une canette de jus de fruits

Une corde solide
un bateau rapide
un manteau chic
un chemin étroit
une canette vide

L'ATTRIBUT DU SUJET

1. Entoure les verbes d'état. Souligne les attributs du sujet.
Indique si ce sont des adjectifs (ADJ) ou des groupes nominaux (GN).

Ton dessert paraissait délicieux (ADJ). * Emma est l'amie de ma fille (GN). * Les tigres demeurent des bêtes protégées (GN). * Dans le pré, mon chien semblait heureux (ADJ). * Ce gâteau a l'air délicieux (ADJ). * Les filles restent surprises (ADJ). * Que cet élève est bavard (ADJ) ! * La boxe passe pour un sport violent (GN).

2. Indique si les verbes soulignés sont d'état puis entoure les attributs du sujet.

Tu es (oui) satisfait. * Cette valise paraît (oui) lourde, mais elle est (oui) vide. * Je prépare (non) des lasagnes. * Nous aimons (non) les crêpes. * Elle demeure (non) à Paris. * Tu as l'air (oui) fatigué mais tu n'es (oui) pas malade. * Ils restent (non) bien trop longtemps devant leurs ordinateurs.

3. Ecris 5 phrases dans lesquelles il y a un attribut du sujet. Utilise les verbes d'état suivants pour chacune. Souligne l'attribut.

A l'enseignant de corriger

C1

LE VERBE

1. Entoure les verbes conjugués puis écris leur infinitif.

	Infinitif
Elles marchent d'un pas rapide.	marcher
Les habitants vont au marché.	aller
Ils achètent des légumes.	acheter
Les élèves lisent la consigne puis font les exercices.	lire
	faire
Certains scientifiques redoutent la montée des eaux.	redouter
Les ouvriers finissent les travaux.	finir

2. Souligne le radical et entoure la terminaison dans chaque verbe.

Tu dormiras – ils sautèrent – Je chantais – nous dansons – vous mangerez – elle jouait – nous attrapions – tu appelas – elles ouvriront – je rentre

3. Indique le groupe des verbes suivants.

pousser	1er gpe	obéir	2ème gpe	voler	1er gpe
dire	3ème gpe	être	3ème gpe	venir	3ème gpe
rougir	2ème gpe	faire	3ème gpe	salir	2ème gpe
goûter	1er gpe	partir	3ème gpe	aller	3ème gpe

LE PRÉSENT (1)

1. Complète les phrases comme tu veux en mettant les verbes au présent.

Nous (réfléchir)
Ma mère (penser)
Mon-Ma meilleur(e) ami(e) (saisir).   A l'enseignant de corriger
Les filles (aimer)
Mes copains-copines (nourrir)

2. Ecris les verbes entre parenthèses au présent.

Vous (être) êtes heureux de voir votre grand-père. * J'(avoir) ai de nouveaux amis. * Je (être) suis à l'aéroport. * Tu (avoir) as des chaussures bleues. * Nous (avoir) avons le temps. * Ils (être) sont bien à la montagne. * Elle (avoir) a une jolie montre. * Elles (avoir) ont beaucoup de devoirs. * Tu (être) es là dans 10 minutes. * Elle (être) est épuisée.

3. Entoure les verbes au présent et écris leur infinitif.

Mon adversaire a un beau kimono. (inf : avoir)
Tu es un bon judoka. (inf : être)
Pourtant tu as peur de perdre. (inf : avoir)
Tout le monde est prêt. (inf : être)
Je suis certain de ta victoire. (inf : être)
Nous sommes là pour t'encourager. (inf : être)

LE PRÉSENT (2)

1. Conjugue le verbe aller au présent.

Nadège et Denis vont au collège en bus. * Lucie et moi, nous allons à la piscine avec maman. * Vas - tu faire des courses ? Vous allez sûrement au château de Versailles avec votre maîtresse. * Je vais en Italie.

2. Conjugue les verbes entre parenthèses au présent.

Vous (dire) dites souvent des bêtises.
Nous (faire) faisons des crêpes en février.
Je (venir) viens de comprendre ta blague !
Les filles (pouvoir) peuvent porter des robes de princesse.
Tu (prendre) prends du Nutella au petit-déjeuner.
Les garçons (mettre) mettent des déguisements de super-héros pour carnaval.

3. Souligne les verbes conjugués et indique leur infinitif.

Vous faites souvent des pâtes. Inf : faire
Ils voient des oiseaux dans le ciel. Inf : voir
Ils prennent leur temps. Inf : prendre
Je mets mes gants. Inf : mettre
Est-ce que je peux venir ? Inf : pouvoir

C4 LE PRÉSENT DE L'IMPÉRATIF

1. Les verbes suivants sont-ils à l'impératif ? Ecris oui ou non.

Comptez vingt jetons. oui * Prenons plutôt ce passage. oui *
Vous continuez pendant 10 minutes non * Ne venez pas ce soir ! oui *
Nous jouons aux cartes. non *

2. Conjugue les verbes au présent de l'impératif aux 3 personnes.

chanter --> chante, chantons, chantez
obéir --> obéis, obéissons, obéissez
ouvrir --> ouvre, ouvrons, ouvrez
prendre --> prends, prenons, prenez
faire --> fais, faisons, faites

3. Explique à ton ami(e) comment faire un chocolat chaud en 5 étapes.
Utilise les verbes suivants au présent de l'impératif : prendre, verser, faire, mettre, boire.

Exemple de correction :
1. Prends une casserole.
2. verse le lait froid dedans.
3. Fais-le chauffer à feu doux.
4. Mets le chocolat en poudre dans ton bol.
5. Bois-le bien chaud !

LE FUTUR

1. Entoure les verbes qui sont au futur.

nous parlions – ils parleront – nous bondissons – nous aurons – ils agiront – nous avons – vous serez – tu auras – vous franchissez – il changeait.

2. Conjugue au futur les verbes entre parenthèses.

Nous (observer) observerons la ruche.

Les abeilles (fabriquer) fabriqueront le miel.

Je (réussir) réussirai à m'approcher.

Elles (butiner) butineront dans le jardin.

Vous (avoir) aurez une bonne récolte.

Tu (être) seras satisfait.

3. Ecris ces verbes au futur .

Tu (crier) crieras

Vous (jouer) jouerez

Je (copier) copierai

Elles (tuer) tueront

4. Raconte... comment sera l'école dans 100 ans ?

A l'enseignant de corriger

L'IMPARFAIT (1)

1. Ecris les verbes à l'imparfait.

Cette voiture (consommer) consommait beaucoup d'essence.
Beaucoup de touristes (visiter) visitaient la Tour Eiffel.
Chaque jour, le boulanger (vendre) vendait du pain.
Tous les matins, vous (entendre) entendiez le train de 8 heures.
Les enfants (construire) construisaient une cabane dans le jardin.

2. Ecris un pronom personnel. N'utilise pas deux fois le même.

j'ou tu écrivais – nous lisions – je ou tu allais – elles ou ils allaient – il, elle ou on franchissait – vous veniez – ils ou elles offraient – il, elle ou on faisait.

3. Ecris ces verbes à l'imparfait.

Tu les (écouter) écoutais
Elles le (retenir) retenaient
Nous l'(apprendre) apprenions
Vous le lui (apporter) apportiez
On les leur (donner) donnait
Il la lui (expliquer) expliquait

L'IMPARFAIT (2)

1. Ecris les verbes à l'imparfait.

Nous (étudier) étudiions
Vous (peindre) peigniez
Vous (plier) pliiez
Nous (appuyer) appuyions
Nous (voir) voyions
Vous (envoyer) envoyiez
Nous (bailler) baillions
Nous (copier) copiions
Vous vous (baigner) baigniez
Vous (fuir) fuyiez

2. Présent (pst) ou imparfait (imp) ?

Nous expédions un colis (pst) * Vous saigniez du nez (imp) *
Vous essuyiez (imp) la vaisselle * Nous cueillions (imp) des fruits *
Vous voyez (pst) bien avec ces lunettes * Vous riiez (imp) aux éclats. *
Nous payions (imp) en espèces. * Nous travaillons (pst) beaucoup.

3. Entoure les verbes à l'imparfait et écris leur infinitif.

Nous [écoutions] vos conseils. inf : écouter
Vous [vous méfiiez] de lui. inf : se méfier
Vous [voyagiez] en avion. inf : voyager
Nous [essayions] de comprendre. inf : essayer
Nous [appréciions] votre gentillesse. inf : apprécier
Vous [feuilletiez] le journal. inf : feuilleter

C8 LE PASSÉ COMPOSÉ

1. Entoure les verbes au PC et complète le tableau.

Nous avons chaud.
Il [a travaillé] dur.
Nous allons partir.
Tu [as terminé].
Nous [avons perdu].
Elles [ont couru].
Il fait beau.
J'[ai fini].

V. au passé composé	infinitif
a travaillé	travailler
as terminé	terminer
avons perdu	perdre
ont couru	courir
ai fini	finir

2. Ecris les verbes au passé composé.

J'(acheter) ai acheté du pain. * Les élèves (arriver) sont arrivés à l'heure. * Nous (avoir) avons eu peur de l'orage. * Les voleurs (cacher) ont caché leur butin. * Nous (retrouver) avons trouvé notre chemin.

3. Raconte ce que tu as fait hier. Ecris tes verbes au passé composé.

A l'enseignant de corriger

LE PASSÉ SIMPLE (1)

1. Ecris les verbes au passé simple.

J' (avoir) eus mon premier livre au CP. Je ne (être) fus pas content. J'(avoir) eus préféré un jouet. Mes parents (avoir) eurent toutes les peines du monde à me convaincre de le lire. Nous (avoir) eûmes une grosse dispute. Plus tard, j'(avoir) eus envie de l'ouvrir grâce à ma sœur et nous (être) fûmes enchantés par l'histoire.

2. Même consigne.

Les spectateurs (entrer) entrèrent dans la salle.
Le concert (commencer) commença.
Les musiciens (entamer) entamèrent le premier morceau.
Nous (écouter) écoutâmes avec émotion.
Nous (avoir) eûmes des frissons. Ce (être) fut magique.
Lorsque le spectacle (se terminer) se termina nous (rentrer) rentrâmes chez nous ravis de notre soirée.

3. Ecris au passé simple les verbes souligné au présent.

Le chien-loup saute (PS : sauta) au-dessus de l'énorme masse et va (PS : alla) atterrir quelques mètres plus loin, puis faisant demi-tour, il se précipite (PS : se précipita) de nouveau sur son adversaire.
Je ramasse (PS : ramassai) sa laisse et je le tire (PS : tirai) en arrière. Dans une dernière tentative, il se jette (PS : jeta) sur lui, la patte de l'élan m'écorche (PS : m'écorcha) la cuisse.
Je ne bouge (PS : bougeai) plus.

LE PASSÉ SIMPLE (2)

1. Ecris les verbes au passé simple.

Je (prendre) pris ma casquette avec moi.

Tu (gravir) gravis la colline à l'aide du funiculaire.

On (entendre) entendit la sirène de la caserne des pompiers.

Ils (perdre) perdirent leur match.

Il (salir) salit son tee-shirt.

2. Même consigne.

Je (sentir) sentis la fatigue. * Tu (servir) servis une omelette. * Il (sortir) sortit de grand matin. * Le champion (battre) battit le record du monde. * Il (venir) vint à la rencontre de Samir, perdu au milieu du quartier. * Lorsque tu (voir) vis mon blouson, tu (vouloir) voulus le même. Le grand-père d'Audrey (connaître) connut l'époque des voiture à chevaux.

3. « Un jour, une princesse rencontra un dragon… » continue.

A l'enseignant de corriger

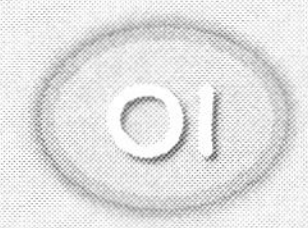

LE FÉMININ ET LE PLURIEL DES ADJECTIFS

1. Ecris ces adjectifs au féminin.

nul : nulle

éternel : éternelle

moyen : moyenne

ancien : ancienne

personnel : personnelle

sot : sotte

gentil : gentille

gras : grasse

2. Ecris ces adjectifs au pluriel.

jaloux : jaloux

large : larges

blanc : blancs

gai : gais

gracieux : gracieux

lourd : lourds

précis : précis

gras : gras

muet : muets

gris : gris

02

LE PLURIEL DES NOMS

1. Remplis le tableau en mettant les mots au pluriel.

Avec un -x	Avec un -s
râteaux	festivals
adieux	landaus
esquimaux	trous
souriceaux	chandails
genoux	émeus
boyaux	portails
feux	chacals

2. Entoure le nom de chaque liste qui est une exception au pluriel.

1) un rail * un portail * un vitrail * un détail

2) un fléau * un landau * un préau * un étau

3) un cheveu * un émeu * le milieu * un aveu

4) un joujou * un clou * un cou * un fou

3. Ecris ces mots au pluriel.

Les (bétail) bétails et les (cheval) chevaux broutent dans le pré. * Les remparts des (château) château forts sont souvent équipés de (créneau) créneaux . * Dans les (journal) journaux on parle de (bijou) bijoux magnifiques. * Les (lieu) lieus et les (mérou) mérous sont des poissons.
Les (travail) travaux sont finis. * Les (noyau) noyaux des cerises sont tout petits.

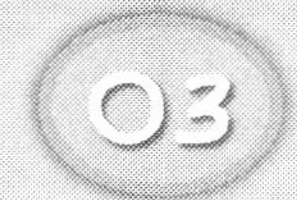

DES HOMONYMES GRAMMATICAUX

1. Complète avec mais – mes.

Pendant les vacances mes cousins sont venus chez moi. Mais ils dormaient chez mes grands-parents. On s'est vus plusieurs fois mais ils ne sont restés qu'une semaine.

2. Complète avec où – ou.

Je reviendrai un jour où j'habitais quand j'étais petite. Je ferai une promenade ou un tour en vélo. Mon amie sera-t-elle encore là ou aura-t-elle déménager dans une ville où je ne pourrai pas la retrouver ?

3. Complète avec son – sont.

Mon frère a perdu son argent pour aller au cinéma. Il ne trouve pas son porte-monnaie non plus. Où sont -ils ? Il cherche dans son sac.

4. Complète avec et – est.

Le vase de maman est cassé. Il s'est brisé hier soir. Le vent est parfois très violent et capricieux. La fenêtre s'est ouverte et l'a renversé. C'est le vase de sa grand-mère alors maman est un peu triste et embêtée.

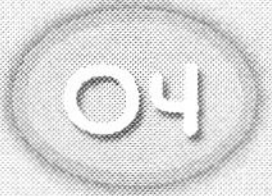

PARTICIPE PASSÉ EN -É OU INFINITIF EN -ER ?

1. Complète les phrases avec un verbe du 1er groupe.

Mon père est
Ma sœur vient de
Demain, nous allons — A l'enseignant de corriger
La maîtresse a
Vous voulez
Mes copains ont

2. Complète par -é ou –er : entoure le mot qui t'a aidé à trouver la réponse.

* Il faut saler le poulet
* L'ampoule de la lampe a grillé
* Le poulet est trop salé
* Tu vas faire griller l'ampoule.

3. Complète par –é ou –er.

Il faisait bon voir ses larges épaules se dessiner sur l'horizon. * Son crâne chauve se mettait à briller lorsqu'il était exposé à la lumière. * Le chien ne voulait pas demeurer attaché * Les Parisiens n'avaient jamais regardé la nature se réveiller ainsi. * Nulle branche n'avait bougé mais un filet d'eau devait s'écouler entre les pierres. * Je la regardais allumer son feu dans l'étroite cuisine où l'on voyait vaciller la flamme d'une bougie.

LES ACCORDS DANS LE GROUPE NOMINAL

1. Classe ces groupes nominaux dans le tableau suivant.

Masculin singulier	Masculin pluriel	Féminin singulier	Féminin pluriel
le chêne majestueux	de beaux rossignols	la blanche hirondelle	les jolies tulipes
ce corbeau bruyant	ces arbres verts	La poule rousse	les chattes grises
le jasmin odorant	les coquelicots rouges	l'herbe clairsemée	les belles marguerite

2. Accorde les adjectifs correctement.

des brioches et des chouquettes bien croustillantes
une robe et une écharpe blanches
Une poire et un abricot très mûrs
Une armoire et un lit imposants

3. Récris et accorde les adjectifs comme il convient.

Les glycines sont des arbustes (grimpant) grimpants .
Ses (joli) jolies fleurs aux couleurs (vif) vives forment des (petit) petites grappes réunies en (gros) gros bouquets (violet) violets . Ses tiges (résistant) résistantes s'agrippent sur les murs (exposé) exposés au soleil.

LES ADVERBES EN -MENT

1. Ecris les adverbes en –ment venant de ces adjectifs.

long --> longuement
cruel --> cruellement
actif --> activement
frais --> fraichement
gentil --> gentiment

ferme --> fermement
franc --> franchement
léger --> légèrement
doux --> doucement
odieux --> odieusement

2. Ecris les adverbes en –ment venant de ces adjectifs.

savant --> savamment
évident --> évidemment
galant --> galamment
méchant --> méchamment

suffisant --> suffisamment
patient --> patiemment
violent --> violemment

3. Ecris l'adjectif d'où provient l'adverbe.

ardemment --> ardent
suffisamment --> suffisant
élégamment --> élégant

prudemment --> prudent
éloquemment --> éloquent

4. Complète avec des adverbes en –ment de ton choix.

A l'enseignant de corriger

LES SYNONYMES

1. Regroupe les synonymes 2 par 2.

difficile et compliqué
crier et vociférer
plein et rempli
coucher et allonger
voir et apercevoir
dire et raconter

2. Barre l'intrus de chaque liste.

a) ~~un vase,~~ un broc, une carafe, un pichet
a) manger, s'alimenter, se nourrir, ~~boire~~
b) paisible, ~~drôle~~, calme, reposant
c) crier, hurler, ~~parler~~, vociférer
d) joli, beau, magnifique, superbe, ~~moche~~
e) dormir, sommeiller, ~~s'éveiller~~, s'assoupir

3. Trouve un synonyme pour éviter les répétitions.

J'ai passé de bonnes vacances. J'ai mangé de bonnes délicieuses glaces.
Dehors il faisait bon. Je me suis fait de bons chouettes amis.

4. Remplace les mots souligné par un synonyme. Tu peux t'aider du dictionnaire.

a) Comme chaque année, à cette époque, un vent d'une rare violence (intensité) soufflait sur la cité (ville).
b) Des monceaux (tas) de feuilles mortes (séchées) couvraient le sol.

V2 LES CONTRAIRES

1. Regroupe les contraires 2 par 2.

premier – dernier
désordonné – rangé
sale – propre
respectueux - insolent

2. Ecris le contraire de chaque verbe en gardant le même sens.

Débuter : finir
Délivrer : emprisonner, enfermer
Déballer : emballer
Détruire : construire
Dérouler : enrouler

3. Forme les contraires des mots suivants avec les préfixes : in-, im-, mé-, mal-

connu : inconnu - méconnu
sensible : insensible
heureux : malheureux
honnête : malhonnête
poli : impoli - malpoli
content : mécontent

V3 LA CONSTRUCTION DES MOTS

1. Encadre le radical de chaque série.

1) dentaire, dentier, dentiste, trident
2) immobile, immobilité, immobilier, immobilisation
3) dégoût, goûter, goûteur, dégoûter

2. Barre l'intrus : celui qui ne fait pas partie de la même famille.

1) coller, ~~décollage~~, recoller, la colle
2) peindre, peinture, ~~peigne~~, repeindre
3) terrier, ~~terreur~~, terre, enterrer
4) opérer, opération, opérateur, ~~opacité~~

3. Cherche 4 mots de la famille « histoire »...

1) préhistoire
2) historien
2) préhistorique
3) historique

4. Souligne le radical de chaque mot et indique le mot simple duquel ils sont dérivés

1) exporter, importer, triporteur, portatif, portable : porter
2) fleuriste, fleurir, floraison, flore, floral : fleur
3) bordure, déborder, débordement, abordage, tribord : bord

5. Pour chaque partie encadrée, indique s'il s'agit du radical (R), du préfixe(P) ou du suffixe (S).

1) color er : S — dé color ation : R — multi colore : P
2) dé nommer : P — surnomm er : S — re nom mer : R

LES PRÉFIXES

1. Ecris le contraire des mots en ajoutant le préfixe dé (ou des).

composer : décomposer
coudre : découdre
boutonner : déboutonner
boucher : déboucher
habiller : déshabiller
unir : désunir

2. Ecris les mots qui correspondent aux définitions et qui commencent par bi- ou tri-

1) Qui se renouvelle tous les deux mois. bimensuel
2) Figure géométrique à trois angles. triangle
3) Période d'une durée de trois mois. trimestre
4) Synonyme de vélo. bicyclette

3. Entoure les préfixes dans les mots suivants, s'il y en a.

rebondir, détruire, kilomètre, impossible, revivre, instrument, centime, préhistoire, retard, irrésistible, décorer, indien.

4. Entoure les mots dont le préfixe exprime la répétition.

défaire, encoller, redemander, redire, réécrire, préchauffer, réchauffer, enfermer, prédire, remplacer, revivre, retirer

5. Ecris le préfixe qui manque.

1) Le drapeau avec trois couleurs : tricolore
2) Un arc-en-ciel de plusieurs couleurs : multicolore
3) Un bonbon de deux couleurs : bicolore

V5 LES SUFFIXES

1. Ecris les noms de métier à partir des mots suivants et souligne le suffixe.

L'art :	Un artiste
une ferme :	Un fermier
un fromage :	Un fromager
la poste :	Un postier
un parfum :	un parfumeur
une illustration :	un illustrateur
la porte :	un portier

2. Entoure l'intrus dans chaque liste, celui qui n'a pas de suffixe.

a) Le lavage, le garage, la plage, le dérapage
b) Un découragement, un paravent, un agrandissement, un paiement
c) Un cahier, un boucher, un écolier, un épicier
a) L'usure, la chapelure, une brûlure, une cassure

3. Entoure les mots dont le suffixe désigne une action ou le résultat d'une action.

Le nettoyage * une station * un quadrillage * un déplacement *
un finaliste * le séchage * un aviateur * le coloriage * le décalage

4. Ecris les mots correspondants aux dessins, des outils de jardiniers. Entoure le suffixe.

Un pulvérisateur Une tondeuse Un arrosoir

V6 LES NIVEAUX DE LANGAGE

1. Complète le tableau avec les mots suivants.

Niveau familier	Niveau courant
Une tignasse	Les cheveux
rigolo	amusant
Une bécane	Un vélo
crevé	fatigué
Un truc	Une chose
Un froc	Un pantalon
Le boulot	Le travail
Des godasses	Des chaussures
Un bouquin	Un livre
Un flic	Un policier

2. Indique si ces phrases ont un niveau soutenu, courant ou familier.

Cette tâche me paraît harassante. soutenu
Elle est gênée par le désordre. courant
Tu m'as dit quoi ? familier
Ma bagnole s'est pété. familier

3. Ecris les mots courants correspondants aux mots familiers suivants.

c'est marrant : c'est drôle
se barrer : s'en aller
être peinard : être tranquille
dégringoler : tomber
flipper : avoir peur
du fric : des sous

EXERCICES « JE M'ÉVALUE »

Ces petits exercices ont pour objectif de vérifier si la leçon a été comprise. Ils sont à donner un ou quelques jours après avoir fait les exercices de la leçon.
Les résultats de ces petits exercices donneront une indication sur l'acquisition ou non de la notion qui sera, dans ce dernier cas, à revoir avant de faire l'évaluation.
Les pointillés indiquent que vous devez couper à cet endroit.

Grammaire

<table>
<tr><th colspan="12">Numéro des leçons</th><th>Page</th></tr>
<tr><td colspan="4">G1</td><td colspan="4">G2</td><td colspan="4">G3</td><td>23</td></tr>
<tr><td colspan="4">G4</td><td colspan="4">G5</td><td colspan="4">G6</td><td>24</td></tr>
<tr><td colspan="3">G7</td><td colspan="3">G8</td><td colspan="3">G9</td><td colspan="3">G10</td><td>25</td></tr>
</table>

Conjugaison

<table>
<tr><th colspan="12">Numéro des leçons</th><th>Page</th></tr>
<tr><td colspan="4">C1</td><td colspan="4">C2</td><td colspan="4">C3</td><td>26</td></tr>
<tr><td colspan="4">C4</td><td colspan="4">C5</td><td colspan="4">C6</td><td>27</td></tr>
<tr><td colspan="3">C7</td><td colspan="3">C8</td><td colspan="3">C9</td><td colspan="3">C10</td><td>28</td></tr>
</table>

Orthographe

Numéro des leçons			Page
C1	C2	C3	29
C4	C5	C6	30

Vocabulaire

Numéro des leçons			Page
V1	V2	V3	31
V4	V5	V6	32

JE M'ÉVALUE GRAMMAIRE

G1 *La transformation négative*

Entoure les négations

Il y avait quinze jours qu'une goutte de pluie n'était pas tombée.

Les parents disaient : « il ne faudrait pas que ça dure encore longtemps !

Nous n'aurons pas assez de récolte, nous ne pourrons plus nourrir le bétail !

Nous n'y arriverons jamais ! »

/5

G2 *Les types de phrases*

Indique le type de chaque phrase : déclarative, interrogative ou impérative

Arrête de crier, c'est insupportable ! ____________________

Je t'interdis de sortir sans ton manteau ! ____________________

Pourquoi pleures-tu ? ____________________

Je ne veux plus t'écouter. ____________________

Est-ce que tu viens dimanche ? ____________________

/5

G3 *La ponctuation*

Ajoute la ponctuation qui manque.

Julie ☐ dit papa ☐ regarde ce bel oiseau ☐

Maman répond ☐ ☐ c'est vrai chéri ☐ tu as raison ☐ ☐

Pour faire une paëlla ☐ il faut ☐ du riz ☐ du poulet ☐ des poivrons ☐ et plein d'autres ingrédients ☐

/7

La fonction sujet

Entoure le sujet de chaque phrase.

La péniche remonte le fleuve lentement.

Elle arrive sans faire de bruit.

Lucas se promène au bord de la Seine.

L'été, naviguer sur la rivière est très agréable.

Nous naviguons en toute sécurité.

La nature du sujet

Indique la nature du sujet : pronom personnel (PP), nom propre (NP), groupe nominal (GN)

Nous (....) venons te voir demain.

Estelle (....) termine son dessin.

Les touristes (....) se baignent avec plaisir.

Aimes-tu (....) les épinards ?

Nice (....) est une très belle ville.

/5

Les déterminants

Indique le nom des déterminants soulignés. (AD, AI, DP, DI)

/7

Dans mon (................) jardin, il y a un (................) potager avec des (................) courgettes, quelques (................) salades et beaucoup d'autres légumes. C'est papa qui s'en occupe. Il plante de nouveaux arbustes, il arrose ses (................) jolies fleurs. Parfois, les (................) animaux viennent y faire une (................) petite visite.

G7 Les compléments d'objet

Indique si les groupes de mots soulignés sont COD ou COI.

L'animateur répondra ensuite à vos questions. (________)

Ma grand-mère s'est bien remise de sa fracture de la hanche. (________)

L'aubergiste nous (________) a servi du jambon du pays. (________)

On attend mon frère (________) à l'aéroport.

/5

G8 Les compléments circonstanciels

Indique si les CC sont de temps, de lieu; de manière ou de cause.

Dans deux heures, (________) Julie arrivera à la gare. (________)

Je dois finir mes devoirs rapidement (________) parce que ma cousine va arriver. (________) Elle vient passer une semaine chez nous. (________)

On ira se promener sur la plage. (________)

/6

G9 Les expansions du nom

Entoure les expansions des mots soulignés. Indique adjectif épithète (AE) ou groupe nominal complément du nom (GN CDN).

La chaleur de l'été est parfois étouffante. Pourtant, nous attendons ce soleil magnifique impatiemment ! Vive la plage de sable chaud, les maillots de bain et les lunettes de soleil !

/5

G10 L'attribut du sujet

Entoure les attributs du sujet des verbes d'état soulignés.

La voiture est cassée. Le moteur semble chauffer. La course a l'air perdue.

Les supporters paraissent déçus. Mais tous les espoirs restent permis.

/5

JE M'ÉVALUE CONJUGAISON

C1 *Le verbe*

Souligne le verbe puis indique son infinitif et son groupe.

Mamie prépare un gâteau. Inf ____________________ gpe ________

Nous allons au stade. Inf ____________________ gpe ________

La voiture ralentit. Inf ____________________ gpe ________

Dans un an, tu auras 10 ans. Inf ____________________ gpe ________

Nous sommes en avance. Inf ____________________ gpe ________

/10

C2 *Le présent (1)*

Ecris les verbes au présent.

Nous (plonger) ________________________ dans la piscine.

Ils (jeter) ________________________ l'argent par les fenêtres.

Vous (remplir) ______________________ mon verre.

Tu (être) _______________________ bien champion du monde !

J'(avoir) ______________________ beaucoup de chance.

/5

C3 *Le présent (2)*

Ecris les verbes au présent

il (tenir) ________________________ son livre.

Je (mettre) ________________________ mon verre.

Nous (faire) ______________________ la vaisselle.

Tu (prendre) _______________________ le train ce soir.

Vous (revoir) ______________________ vos amis.

/5

C4 Le présent de l'impératif

Indique si les verbes soulignés sont à l'impératif ou pas. Ecris oui ou non.

Ne te dérange (................) pas, j'en ai pour cinq minutes.

Téléphone (................) au vétérinaire, la chienne est (................) malade.

Rendez (................) service à madame Lesage, faites (................) ses courses

et remplissez (................) son réfrigérateur. /5

C5 Le futur

Ecris les verbes au futur.

Elle (cultiver) ______________________ beaucoup de fleurs.

Nous (choisir) ______________________ les plus odorantes.

Ils (être) ______________________ très occupés.

Vous (avoir) ______________________ de la patience.

Tu (copier) ______________________ un long texte. /5

C6 L'imparfait (1)

Ecris les verbes à l'imparfait.

Il (vouloir) ___________________ savoir ce qui se (passer) ___________________

là-bas. Tu les (écouter) ___________________ . Est-ce qu'ils (avoir) ______________

peur ? Il (être) ______________________ très peureux. /5

C7 L'imparfait (2)

Ecris les verbes à l'imparfait.

L'année dernière, nous (crier) ______________________ fort en classe.

Vous (croire) ______________________ que la maîtresse n'entendait rien.

Nous (travailler) ______________________ beaucoup.

Vous (gagner) ______________________ parfois des récompenses.

Nous (rire) ______________________ aussi parfois. /5

Le passé composé

Ecris les verbes au passé composé

La foudre (tomber) ____________________ sur l'antenne.

Nous (prendre) ____________________ une décision.

Les enfants (partir) ____________________ chez leur grand-mère.

Vous (vernir) ____________________ les meubles du salon.

Les adultes (avoir) ____________________ une tasse de thé.

/5

C9

Le passé simple (1)

Ecris les verbes au passé simple.

Je (être) ____________________ en bonne santé.

Il (avoir) ____________________ le temps de réfléchir.

Ils (changer) ____________________ de rame à la station Trocadéro.

Tu (placer) ____________________ le vase chinois sur la cheminée.

Le train (siffler) ____________________ dans la nuit.

/5

C10

Le passé simple (2)

Ecris les verbes au passé simple.

Je (remplir) ____________________ ma casquette de noisettes.

Je (voir) ____________________ des hérissons traverser la route.

Tu (répondre) ____________________ aux questions.

Les voisins (vendre) ____________________ leur maison.

Nous (faire) ____________________ une drôle de grimace.

/5

JE M'ÉVALUE ORTHOGRAPHE

01 *Le féminin et le pluriel des adjectifs*

Accorde ces adjectifs correctement.

Ma mère fait de (bon) ____________________ tartes.

J'aime voir les gens (heureux) ____________________ .

Les femmes sont (coquet) ____________________ .

Les vestes (blanc) ____________________ sont salissantes.

Ce sont des spectacles (original) ____________________ .

/5

02 *Le pluriel des noms*

Ecris ces noms au pluriel.

un oiseau : ____________________

un landau : ____________________

un émeu : ____________________

un travail : ____________________

un boyau : ____________________

un corail : ____________________

un détail : ____________________

un éventail : ____________________

un bateau : ____________________

un feu : ____________________

/10

03 *Les homonymes grammaticaux*

Entoure l'homonyme qui convient.

J'adore (mais – mes) petits chiens, (mais - mes) parfois ils (son – sont) un peu fous-fous ! * (Ou – Où) pars-tu en vacances cet été ? * Il (est – et) parti hier en vacances en Suède. * Mon chat noir (est – et) blanc peut-être calme (ou – où) joueur, il joue parfois avec (mais – mes) chaussettes.

/8

Infinitif en -é ou participe passé en -er

Complète par -er ou –é.

Tu as achet______ une gomme pour complét ______ ta trousse.
Mais tu as oubli ______ d'ajout ______ de la colle !
Maintenant, il faut faire sign ______ tes cahiers.
Puis, tu vas prépar ______ ton cartable pour ne rien laiss ______ à la maison.
Sinon, demain, tu ne pourras pas travaill ______ correctement.
Je ne veux pas que ton maître soit contrari ______ .
J'ai tout bien vérifi ______ , je crois que tout y est !

/10

05 *Les accords dans le groupe nominal*

Accorde ces adjectifs correctement. Mets une croix si tu n'ajoutes rien.

Le tigre et la tigresse rayé___ sont des animaux puissant___ .

Ces immense___ oiseaux planent au-dessus des montagnes pointu___ .

La tulipe et la marguerite blanc___ poussent dans mon jardin.

Les petit___ écureuils rou___ grimpent aux arbres fleuri___ .

/8

06 *Les adverbes en -ment*

Ecris l'adverbe en –ment venant de ces adjectifs

violent : ______________________________

doux : ______________________________

méchant : ______________________________

patient : ______________________________

gentil : ______________________________

/5

JE M'ÉVALUE VOCABULAIRE

V1 — *La polysémie*

Ecris le synonyme de chaque mot.

ôter : ______________________

laid : ______________________

crier : ______________________

rapidement : ______________________

joli : ______________________

/5

V2 — *Les contraires*

Ecris le contraire de chaque mot.

monter : ______________________

commencer : ______________________

accepter : ______________________

obéir : ______________________

ralentir : ______________________

/5

V3 — *la construction des mots*

Indique si la partie du mot souligné est le préfixe, le radical ou le suffixe.

imperméable : ______________________

gentillesse : ______________________

habillement : ______________________

récitation : ______________________

redire : ______________________

/5

Les préfixes

Entoure le préfixe de chaque mot, s'il existe. /6

préférer * réchauffer * multicolore * détruire * recoudre * démolir * reconduire * décompter * incomplet * impasse * prédire * transmettre

V5

Les suffixes

Ajoute un suffixe pour former un nouveau mot.

déguiser : ____________________

gaspiller : ____________________

livrer : ____________________

élever : ____________________

conjuguer : ____________________

/5

V6

Les niveaux de langage

Indique le niveau de langage de chaque mot : soutenu, courant ou familier

une automobile : _____	une voiture : _____	une bagnole : _____
gueuler : _____	s'exclamer : _____	crier : _____
des sous : _____	du fric : _____	de l'argent : _____
un travail : _____	un boulot : _____	un métier : _____

/15

CORRECTION « JE RÉVISE »

Comme pour les corrections des exercices d'entrainement, celles-ci aussi peuvent être photocopiées en 4 ou 5 exemplaires pour être mises à disposition des élèves dans une optique d'autocorrection.
Certains exercices ne peuvent pas être corrigés par les élèves, ils nécessitent une correction de l'enseignant. Dans ce cas, il est écrit : « A corriger par l'enseignant ».

Grammaire

Numéro des leçons			Page
G1	G2	G3	34
G4	G5	G6	35
G7	G8	G9	36
G10			37

Conjugaison

Numéro des leçons			Page
C1	C2	C3	38
C4	C5	C6	39
C7	C8	C9	40
C9 (suite)	C10		41

Orthographe

Numéro des leçons	Page
Les 6 leçons d'orthographe	42

Vocabulaire

Numéro des leçons	Page
Les 6 leçons de vocabulaire	43

JE RÉVISE - GRAMMAIRE

G1 *La transformation négative*

1. Indique si les phrases sont négatives (oui ou non) et entoure les mots de négation.

Lucie n'aime pas les épinards. oui * Il est interdit d'aller sur ce chemin. non * Ce n'est guère le moment d'en parler. oui * Les garçons ne veulent plus jouer au football. oui * Il y a encore du gâteau au chocolat. non * Je ne possède aucun animal domestique oui *

2. Ecris ces phrases à la forme négative.

a) j'ai vraiment aimé ce film. Je n'ai vraiment pas aimé ce film.
b) Ces élèves ont très bien chanté. Ces élèves n'ont pas très bien chanté.
c) J'ai déjà lu ce livre. Je n'ai jamais lu ce livre.
d) Nous avons eu très froid. Nous n'avons pas eu très froid.

3. Réponds à ces questions par une phrase négative.

Y a-t-il quelque chose derrière cette porte ? Non, il n'y a personne.
Aimes-tu les petits pois ? Non, je n'aime pas les petits pois.
Avez-vous déjà vu ce film ? Non, je n'ai jamais vu ce film. (ou nous n'avons jamais vu...)

G2 *Les types de phrases*

1. Indique le type de chaque phrase : déclarative, interrogative, impérative

Viens ici ! impérative Je regarde mon petit chat. déclarative
Je t'interdis de sauter ! déclarative * Peux-tu m'écouter ? interrogative
Mets vite ton gilet. impérative * Est-ce que tu es là ? interrogative

2. Transforme ces phrases comme demandé.

Tu es content d'avoir vu ce film. (--> interrogatif)
Es-tu content d'avoir vu ce film ?
Vous êtes gentils avec votre grand-mère. (--> impératif)
Soyez gentils avec votre grand-mère.
Ta chemise est-elle propre ? (--> déclaratif)
Ta chemise est propre.

G3 *La ponctuation*

1. Réécris ce dialogue en remettant les tirets aux bons endroits et en allant à la ligne.

- Je crois qu'il faut partir en voyage, mon ami, murmura le Troll.
- Chic alors ! Où va-t-on ? demanda Jake.
- Chercher de l'aide. Mais d'abord, il nous faut sortir d'ici, car ces sorcières ont des sonars dans les oreilles. Si tu ris ne serait-ce qu'une fois, elles nous retrouveront.
- Je n'ai pas envie de rire, répondit Jake en poussant une lucarne.

2. Dans les cadres mets la ponctuation qui manque

Comme je suis contente que tu viennes à mon anniversaire [.] L'autre jour [,] j'ai demandé à Nina [:] [«] veux-tu venir à mon anniversaire [?] [»] Je n'ai vraiment pas compris pourquoi elle m'a dit non [.] Mais peut-être ne m'a-t-elle pas tout dit [?] Alors voici qui sera là [:] Karl [,] Diego [,] Lola et Lana [.]

G4 La fonction sujet

1. Entoure les sujets des verbes soulignés.

Louis XIV était un appelé le Roi Soleil. Il a construit le château de Versailles. Sa femme organisait des bals somptueux. Marie-Antoinette était bien capricieuse. Les gens avaient peu d'argent et beaucoup d'impôts. Ils étaient en colère. La Révolution a éclaté.

2. Souligne les verbes et entoure les sujets.

Dans le ciel, volent les oiseaux. « Ils sont beaux », se dit Laura.

Maman cherche notre petit chat partout... où est-il passé ?

« Nous allons expliquer les exercices de maths » informe la maîtresse.

Où partez-vous pendant les vacances de Noël ? demande leur ami.

G5 La nature du sujet

1. Indique la nature des sujets soulignés : GN, PP, NP

Quand les enfants (GN) me demandent pourquoi la mer (GN) est-elle salée, je (PP) suis obligé de répondre que les poissons (GN) ont trop pleuré.

Mais dis-moi ce qu'on (PP) a fait ? Gims (NP) chante : « Le pire ».

2. Complète les phrases par un sujet qui convient et selon les indications.

A l'enseignant de corriger

_______________ (pronom personnel) chantes tout le temps.

_______________ (groupe nominal) adorent t'entendre.

_______________ (nom propre) voudrait que tu t'inscrives à un concours.

_______________ (groupe nominal) écoutent de la musique.

_______________ (pronom personnel) aimez le rap.

G6 Les déterminants

1. Place un déterminant devant le nom, selon les indications.

(dét démonstratif) ce magasin

(dét possessif) mon, ton, son sourire

(dét démonstratif) cette montagne

(article indéfini) une paille

(dét possessif) ses chaussures

(article défini) la feuille

(article indéfini) un téléphone

(dét démonstratif) cet élève

(dét possessif) ma, ta, sa voiture

(dét indéfini) des fleurs

2. Indique la nature des déterminants soulignés.

cette : Det démonstratif	les : Article défini	mes : Dét possessif	tes : Dét possessif	la : Article défini
ce : Det démonstratif	chaque : Article indéfini	du : Article contracté	des : Article indéfini	nos : Det possessif

G7 L'attribut du sujet

1. Indique si les groupes de mots soulignés sont COD, ou COI

Les élèves ont disputé plusieurs matchs de football. (COD) * Tous les acteurs répéteront leur texte. (COD) * Mon frère récite sa poésie. (COD) * Il parle à son petit frère. (COI) * La maîtresse leur (COI) lit une histoire. (COD) * Arthur parle de sa sortie. (COI)

2. Surligne le verbe et souligne le COD

Dans le jardin, je cueillais des roses. * Veux-tu des cerises ? * Mon père bêchait une parcelle de terre. * Nous accueillons avec bienveillance une nouvelle élève. * Boirez-vous un café ?

3. Surligne le verbe, souligne le COI et entoure la préposition qui l'introduit

Les lycéens travaillent à leur devoir. * Mes cousins jouent aux billes. * Juliette écrit à son père. * Ils manquent de place. * Je repense souvent à ma cousine.

G8 Les compléments circonstanciels

1. Indique si les CC soulignés sont de lieu, de temps ou de manière.

On trouve sur un arbre (CCL) de jolies feuilles. * Elles tombent en automne (CCT) . * Les racines s'étalent profondément (CCM) dans le sol (CCL) pour trouver l'eau et les sels minéraux.

2. Classe ces expressions dans le tableau.

CCL	Près de la piscine	Dans le jardin	Sur le lit
CCT	Depuis de nombreuses années	À cette époque	Demain
CCM	Avec violence	Sans difficulté	Prudemment
CCC	Parce qu'il a faim	À cause de sa sœur	

3. Complète les phrases par le CC qui répond à la question.

mon grand frère roule sur son scooter (comment ?)
Les livres sont rangés (où ?)
Je fête mon anniversaire (quand ?)
Nous mangeons (où ?) (quand ?) (pourquoi ?)

A l'enseignant de corriger

G9 Les expansions du nom

1. Entoure les adjectifs épithètes (il y en a 11) et souligne le nom qu'il complète.

Dans l'océan pacifique vit de gros animaux. Des grands requins blancs, des immenses cachalots, de somptueuses baleines bleues ou encore de mignons petits dauphins. C'est un monde marin incroyable !

2. Souligne les GN complément du nom des mots surlignés et entoure la préposition.

Pour sa fête d'anniversaire, M. Alligator a envoyé des cartons d'invitation.

Son ami M. Serpent à lunettes qui est en voyage de noce ne pourra pas venir.

Ni M. Dromadaire qui est au mariage de son cousin.

Ni Mme Libellule qui fait le tour du monde. Qui sera donc là ?

1. Entoure les verbes et souligne les attributs du sujet s'il y en a (il y a des pièges).

Les documentaires demeurent mes livres favoris. * Mes grands-parents demeurent en Vendée. * Elle s'appelle Emilie. * Appelle ton frère ! * Ces magasins restent ouverts très tard. * Mes amis restent longtemps en Espagne.

2. Recopie les phrases en remplaçant le groupe sujet souligné par celui entre parenthèses.

Sa chevelure est blonde et courte (→ Ses cheveux .)

Ses cheveux sont blonds et courts.

Cet animal paraît doux et inoffensif. (→ Ces bêtes)

Ces bêtes paraissent douces et inoffensives.

Ce gâteau semble délicieux et très cher (→ Ces tartes)

Ces tartes semblent délicieuses et très chères.

3. Entoure les verbes, souligne les attributs du sujet et indique leur nature (adj) ou (GN)

Sa barbiche était noire et pointue. * Ses yeux étaient limpides. * Il avait l'air futé. *

Cet homme paraissait un personnage sympathique. * Il était un talentueux écrivain.

JE RÉVISE - CONJUGAISON

Le verbe

1. Entoure les verbes conjugués et complète le tableau.

Les enfants construisent un jeu de cartes. Ils préparent du carton. Ils le découpent en rectangles sur lesquels ils écrivent des chiffres. Cette activité les passionne.

verbe conjugué	infinitif	gpe
construisent	construire	3ème
préparent	préparer	1er
découpent	découper	1er
écrivent	écrire	3ème
passionne	passionner	1er

2. Souligne le radical et entoure la terminaison.

Nous habitons en ville. * Tu montreras le chemin *. Ils ralentissaient *

Vous préparez un exposé * Je rangeais la cuisine. * Elles mangent en silence.

Le présent (1)

1. Conjugue les verbes être et avoir au présent.

être				avoir			
Je	suis	Nous	sommes	J'	ai	Nous	avons
Tu	es	Vous	êtes	Tu	as	Vous	avez
Il	est	Ils	sont	Il	a	Ils	ont

2. Ecris ces verbes du 1er groupe au présent.

Nous (plonger) plongeons
Vous (jouer) jouez
Tu (aimer) aimes
Je (crier) crie

Nous (lancer) lançons
Le chien (aboyer) aboie
Elles (créer) créent
On (bailler) baille

3. Ecris ces verbes du 2ème groupe au présent.

(rougir) : tu rougis — nous rougissons
(nourrir) : il nourrit — vous nourrissez
(réfléchir) : je réfléchis — ils réfléchissent

Le présent (2)

Conjugue les verbes au présent.

	rendre
Je	rends
Tu	rends
Ils	rendent

	voir
Nous	voyons
Vous	voyez
Ils	voient

	tenir
Je	tiens
Il	tient
Ils	tiennent

	faire
Nous	faisons
Vous	faites
Ils	font

	dire
Tu	dis
Vous	dites
Ils	disent

	vouloir
Tu	veux
Il	veut
Ils	veulent

	peindre
Je	peins
Nous	peignons
Ils	peignent

	mettre
Tu	mets
Nous	mettons
Elles	mettent

	savoir
Je	sais
Tu	sais
Ils	savent

Le présent de l'impératif

1. Conjugue les verbes au présent de l'impératif.

être	avoir	aller	sauter	finir	mettre
sois	aie	va	saute	finis	mets
soyons	ayons	allons	sautons	finissons	mettons
soyez	ayez	allez	sautez	finissez	mettez

2. Ecris ce texte au présent de l'impératif à la 2ème p. du sing. puis à la 2ème p. du plu.

2ème personne du singulier. :
Ouvre une bouteille de lait. Mets-en un peu dans une casserole. Ajoute du chocolat en poudre. Laisse chauffer à feu doux. Verse dans un bol. Bois bien chaud en hiver.

2ème personne du pluriel :
Ouvrez une bouteille de lait. Mettez-en un peu dans une casserole. Ajoutez du chocolat en poudre. Laissez chauffer à feu doux. Versez dans un bol. Buvez bien chaud en hiver.

Le futur

1. Conjugue les verbes au futur.

	être	avoir	aller	jouer	saisir
Je-J'	serai	aurai	irai	jouerai	saisirai
Tu	seras	auras	iras	joueras	saisiras
Il	sera	aura	ira	jouera	saisira
nous	serons	aurons	irons	jouerons	saisirons
vous	serez	aurez	irez	jouerez	saisirez
ils	seront	auront	iront	joueront	saisiront

2. Ecris ces verbes au futur.

Nous (faire) ferons
Vous (dire) direz
Tu (vouloir) voudras
Je (tenir) tiendrai
Nous (savoir) saurons
Le chien (venir) viendra
Elles (créer) créeront
On (copier) copiera

3. Barre l'intrus et explique pourquoi.

a) Je serai – je mangerai – ~~je fais~~ – je jouerai – je finirai : c'est du présent
b) Elle aura – tu auras – nous aurons – ~~je saurai~~ : « saurai » c'est le verbe

« savoir » alors que tous les autres, sont le verbe « avoir »

L'imparfait

1. Conjugue les verbes à l'imparfait.

	être	avoir	aller	jouer	rougir
je/j'	étais	avais	allais	jouais	rougissais
tu	étais	avais	allais	jouais	rougissais
il	était	avait	allait	jouait	rougissait
nous	étions	avions	allions	jouions	rougissions
vous	étiez	aviez	alliez	jouiez	rougissiez
ils	étaient	avaient	allaient	jouaient	rougissaient

2. Entoure les verbes conjugués et indique s'ils sont au présent (pst) ou à l'imparfait (imp).

Nous allions en vélo à l'école. (imp) * Nous faisons le tour du monde. (pst) * Nous pouvions voyager en train. (imp) * Vous voyiez les nuages se former. (pst) * Vous simplifiez trop le travail. (imp) * Nous ne gaspillons pas notre temps. (pst) * Nous gagnions la coupe de la rencontre sportive. (imp) * Vous associez deux synonymes. (pst) .

L'imparfait

1. Conjugue les verbes à l'imparfait.

payer : nous payions — vous payiez
rire : nous riions — vous riiez
relier : nous reliions — vous reliez
gagner : nous gagnions — vous gagniez
bailler : nous baillions — vous bailliez
voir : nous voyions — vous voyiez
craindre : nous craignions — vous craigniez
fuir : nous fuyions — vous fuyiez

2. Ecris le verbe au présent ou à l'imparfait en fonction du contexte.

En 1920, nous (travailler) travaillions avec des plumes et de l'encre.
De nos jours, nous (payer) payons avec une carte bleue.
Depuis ce matin, vous (peindre) peignez cette toile.
L'année dernière, vous (sourire) souriiez en regardant ce film.

Le passé composé

1. Complète les tableaux au passé composé.

être	avoir	aller	jouer	nourrir
J' ai été	tu as eu	elle est allée	J'ai joué	on a nourri
Tu as été	elle a eu	nous sommes allés	tu as joué	nous avons nourri
Nous avons été	ils ont eu	vous êtes allés	elles ont joué	ils ont nourri

faire	vendre	prendre	dire	partir
tu as fait	il a vendu	J' ai pris	tu as dit	elle est partie
nous avons fait	vous avez vendu	elle a pris	on a dit	nous sommes partis
vous avez fait	elles ont vendu	ils ont pris	nous avons dit	ils sont partis

2. Entoure les verbes au passé composé et écris leur infinitif.

s témoins ont appelé les pompiers. *
J'ai eu de la chance * J'étais parti avant toi. * Vous avez saisi la bouée. *
Nous jouons dehors. * Tu as été malade. *
J'ai peur * Nous sommes tombés. *
Elle aime le chocolat.

Verbe au PC	infinitif
ont appelé	appeler
ai eu	avoir
étais parti	partir
as été	être
sommes tombés	tomber

Le passé simple (1)

1. Ecris les verbes au passé simple avec le sujet demandé.

Avoir une grande joie.
J' eus une grande joie.
Tu eus une grande joie.
Vous eûtes une grande joie.
Ils eurent une grande joie.

Être déçu par le film.
Tu fus déçu par le film.
Louis fut déçu par le film.
Nous fûmes déçus par le film.
Vous fûtes déçus par le film.

2. Complète ces phrases avec les verbes être ou avoir conjugués au passé simple.

Traverser le torrent en crue, ce ne fut pas une partie de plaisir.
Malgré le froid, nous eûmes le courage de sortir pour dégager la neige.
Maude et Diego furent les premiers à atteindre le sommet de l'Everest.
Galilée eut très tôt l'intuition que la Terre était ronde.

3. Complète ces phrases en écrivant les verbes entre parenthèses au passé simple.

(planer) Les aigles planèrent longtemps au dessus de sa proie.
(changer) Le mécanicien changea les roues de la Formule 1 en dix secondes.
(exagérer) Tu exagéras un peu la taille du poisson que tu avais péché.
(effacer) J'effaçai le tableau parce que la maîtresse me le demanda.

Le passé simple (2)

1. Complète le tableau en mettant les verbes au passé simple.

	faire	courir	voir	venir	écrire
Je /j'	fis	courus	vis	vins	écrivis
Tu	fis	courus	vis	vins	écrivis
Il	fit	courut	vit	vint	écrivit
Nous	fîmes	courûmes	vîmes	vînmes	écrivîmes
Vous	fîtes	courûtes	vîtes	vîntes	écrivîtes
Ils	firent	coururent	virent	vinrent	écrivirent

2. Ecris ces verbes au passé simple.

Je (partir) partis faire les courses avec mes parents. Nous (prendre) prîmes un caddie et nous le (remplir) remplîmes . Puis après avoir payé, maman (sortir) sortit en premier et papa (mettre) mit les achats dans le coffre.

JE RÉVISE - ORTHOGRAPHE

Le féminin et le pluriel des adjectifs

Accorde ces adjectifs correctement.

Il est heureux : elle est heureuse
Il est mou : elles sont molles
Il est stupide : elles sont stupides
Il est loyal : ils sont loyaux
Il est neuf : elles sont neuves
Il est secret : elle est secrète
Il est beau : elles sont belles

Le pluriel des noms

Mets ces mots au pluriel.

singulier	pluriel
Un aveu	Des aveux
Un morceau	Des morceaux
Un pneu	Des pneus
Un chandail	Des chandails
Un landau	Des landaus
Un jeu	Des jeux

singulier	pluriel
Un gâteau	Des gâteaux
Un détail	Des détails
Un travail	Des travaux
Un émeu	Des émeus
Un feu	Des feux
Un corail	Des coraux

Les homonymes grammaticaux

Complète avec : mes, mais, ou, où, son, sont, est, et

Mes amis sont partis et l'un d'eux, Antoine, a oublié son sac à dos. Mais où est-il donc ? Dans son placard ou dans la voiture ? C'est très embêtant car on ne sait vraiment pas où il est ? Il ne s'est quand même pas envolé ?

Infinitif en -er ou participe passé en -é

Complète avec –é ou –er.

Demain Léo va aller au marché avec sa maman, acheter les ingrédients pour confectionner un gâteau. L'autre jour ils ont réalisé un bon repas ensemble. Il a beaucoup aimé cuisiner avec elle. Il est pressé de recommencer. Alors cette fois, ils vont préparer un moelleux au chocolat.

Les accords dans le groupe nominal

Indique le genre (féminin, masculin) et nombre (singulier, pluriel) de ces GN.

Un tapis poussiéreux : masculin singulier
Des immenses tables : féminin pluriel
Des livres intéressants : masculin pluriel
Une famille recomposée : féminin singulier

Accorde ces adjectifs comme il convient.

* En juillet, il y a des (beau) belles journées et soirées (tempéré) tempérées.
* Ces livres et cahiers (rouge) rouges sont sur ma table (rangé) rangée.
* Ta robe (vert) verte et tes chaussures (assorti) assorties te vont très bien.

Les adverbes en -ment

Ecris les adverbes provenant des adjectifs suivants.

violent : violemment
méchant : méchamment
joyeux : joyeusement
patient : patiemment
gentil : gentiment
savant : savamment
tendre : tendrement
doux : doucement

JE RÉVISE - VOCABULAIRE

Les synonymes

1. Barre l'intrus de chaque série.

a) Fournir – donner – prescrire – ~~emmener~~
b) Superbe – magnifique – ~~extravagant~~ - splendide
c) Manger – déguster - ~~prendre~~ – dévorer

2. Ecris 3 synonymes pour chaque mot. Tu peux t'aider du dictionnaire.

Parler raconter, dire, bavarder, discuter
Laid moche, affreux, hideux
Heureux joyeux, gai, content, satisfait
Un livre un bouquin, un manuel, un recueil

Les contraires

Entoure les contraires (il peut y en avoir plusieurs).

Gentil : sympathique – méchant – adorable – mauvais – agréable
Neuf : vieux – récent – ancien – frais – jeune
Débuter : commencer – finir – terminer – ajourner – démarrer
Le calme : l'agitation – la tranquillité – l'excitation – la zénitude – la paix

La construction des mots

Ecris pour chaque mot, le nom de la partie soulignée : préfixe, suffixe ou radical

impossible : radical
découdre : préfixe
déchirure : suffixe
extraterrestre : préfixe
recommencer : préfixe
chauffage : radical
parapluie : radical
sportif : suffixe

Les préfixes

Ajoute un préfixe différent à chaque mot pour en former un autre.

faire : défaire, refaire
boucher : déboucher, reboucher
prendre : surprendre, reprendre, dépendre
angle : triangle
réparable : irréparable
dire : prédire, redire
compétent : incompétent
porter : déporter, transporter, reporter

Les suffixes

Trouve deux mots de la même famille que celui donné en ajoutant un suffixe.

grand	verbe : grandir	Nom : la grandeur
dent	Nom : un dentiste	Nom : un dentier
dos	Nom : un dossard	Nom : un dossier
juste	Nom : la justice	Adverbe : justement
lent	Nom : la lenteur	Adverbe : lentement
tard	Verbe : tarder	Adjectif : tardif

Les niveaux de langage

Indique pour chaque mot son niveau de langage

Mot donné	niveau	synonyme	niveau
Le travail	courant	le boulot	familier
vociférer	soutenu	hurler - crier	courant
Le fric	familier	l'argent	courant
harassant	soutenu	fatigant - crevant	courant - familier
Un mec	familier	un garçon	courant

EVALUATIONS COMBINÉES

Les évaluations correspondant aux leçons et exercices du cahier de l'élève, ainsi que leurs corrections, sont disponibles en téléchargement gratuit et uniquement pour les enseignants, sur mon blog, La Trousse de Sobelle, rubrique « boutique » et « le français en action ! ».

Ces évaluations sont sous mot de passe, pour l'obtenir, il faudra m'envoyer un mail à sobelle06@gmail.com en me laissant votre adresse mail académique, preuve que vous êtes bien enseignants.

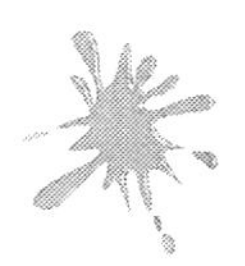

Mois	N°	Leçons		
septembre	1	G1	C1	O1
octobre	2	G2	C2	V1
novembre	3	G3	C3	O2
décembre	4	G4	C4	V2
janvier	5	G5	C5	O3
février	6	G6	C6	V3
mars	7	G7	C7	O4
avril	8	G8	C8	V4
mai	9	G9	C9	O5
juin	10	G10	C10	V5
	11	O6	V6	

TABLEAUX DES COMPÉTENCES ÉVALUÉES DANS LES ÉVALUATIONS

Le tableau que vous trouverez à la page suivante vous permettra de reporter les appréciations mises dans l'évaluation des élèves.
Il est donc à photocopier...

Vous trouverez une version numérique de ce tableau sur mon blog pour ceux qui préfèreraient le remplir directement sur l'ordinateur.

Compétences évaluées en grammaire

Prénoms / Compétences																														

Compétences évaluées en conjugaison

Prénoms / Compétences																														

Compétences évaluées en orthographe

Prénoms / Compétences																														

Compétences évaluées en vocabulaire

Prénoms / Compétences																														

Printed in Poland
by Amazon Fulfillment
Poland Sp. z o.o., Wrocław